leykam: seit 1585

LAURA MELINA BERLING KARO OH

KUSCHELN, WUT & SCHABERNACK

DAS ULTIMATIVE FREUNDSCHAFTS-ABC

leykam: Kinderbuch

A–M

Anfreunden	**14**
Beziehung	**18**
Clique	**22**
Da sein	**26**
Einzigartigkeit	**30**
Freundschaft	**34**
Gefühle	**38**
Humor	**44**
Inspiration	**48**
Jahrestag	**52**
Kompromiss	**56**
Liebe	**60**
Mut	**64**

N–Z

Neid	**68**
Oberpeinlich	**72**
Pudelwohl	**76**
Quatsch machen	**82**
Ruhe	**86**
Streit	**90**
Trauer	**94**
Unbeschwertheit	**98**
Versteck	**104**
Wachsen	**108**
XoXo	**112**
You & Me	**116**
Zusammenhalt	**120**

In diesem Buch geht es um Freundschaft. Wir fragen uns, was macht eine Freundschaft eigentlich so aus: Wer ist warum mit wem befreundet? Und welche Gefühle spielen dabei eine Rolle? Um das herauszufinden, nehmen wir dich mit auf eine Reise voller toller Freundschaftswörter. Diese Reise führt in eine kleine Stadt. Dort wohnen unterschiedliche Menschen nah beieinander, teilweise wohnen sie sogar im selben Haus. Bist du neugierig, wer sie genau sind?

Toni lebt bei Mama. Sie heißt Mia, also Mama Mia. Toni liebt Piraten und Piratinnen (Ja, die gibt es auch, zum Beispiel Anne Bonny. Sie war eine sehr berühmte Piratin.) Toni sammelt außerdem Schätze, hat Angst vor Gewittern und mag Nudeln mit Tomatensoße.

Toni lebt zusammen mit Mama Mia im zweiten Stock eines gemütlichen Hauses, das einen großen Hof hat.

Mama Mia ist fantasievoll und erzählt die schönsten Geschichten. Kochen tut sie nicht gern, aber lesen umso lieber.

In dem gemütlichen Haus mit dem großen Hof leben noch eine Nachbarin und ein Nachbar, die sich manchmal zanken und manchmal gut verstehen:

Herr Ezim lebt im Erdgeschoss, ist stets schick gekleidet, gibt immer einen guten Rat und baut leckeres Gemüse in Hochbeeten auf dem Hof an.

Frau Mies aus dem ersten Stock beschwert sich oft, zum Beispiel wegen den Mülltonnen, die nicht richtig befüllt werden, dem Hoftor, das nicht abgeschlossen wird, und den Hochbeeten, die zu viel Platz wegnehmen. Deswegen gerät sie mit Herrn Ezim aneinander. Zu Toni ist sie aber super nett.

Alle diese Personen haben Beziehungen zueinander. Sie sind miteinander verwandt, bekannt oder Nachbar*innen.
Nun lernen wir noch weitere Freund*innen kennen, denn wir wollen ja herausfinden, was eine Freundschaft ausmacht und wie sie sich von anderen Beziehungen unterscheidet.

Toni aus dem zweiten Stock in dem gemütlichen Haus ist mit Lou und Bo befreundet. Die Freundschaft mit den beiden ist Toni total wichtig. Vielleicht fallen dir auch gleich Freund*innen ein, die in deinem Leben wichtig sind?

Lou hat einen Hund, der Shushu heißt, und ein schönes lautes Lachen. Außerdem zieht Lou sich gern bunt an und kann gut Geheimnisse für sich behalten.

Bo ist vor Kurzem neu in die kleine Stadt gezogen, lebt bei Oma und ist etwas schüchtern. Bo kann toll basteln und vergisst oft, genug zu trinken.

Die drei spielen gern zusammen, lachen, kicken und verkleiden sich als Pirat*in. Argh! Lou und Bo leben zum Glück nur ein paar Häuser weiter. Das ist wirklich super praktisch.

Tonis Mama Mia hat auch einen besten Freund. Das ist **Victor:**

Victor kocht mega lecker, zum Beispiel Nudeln mit Tomatensoße. Toni freut sich jedes Mal besonders über diese Köstlichkeit. Victor liebt Spieleabende. Er kann stundenlang mit Mama Mia über Gefühle sprechen und ist oft eine große Unterstützung für sie.

Victor wohnt etwas weiter weg von der kleinen Stadt und kommt Mama Mia mit dem Fahrrad oder der Tram besuchen. Die beiden quatschen immer so laaaaange, dass Toni ganz langweilig wird. Manchmal machen sie aber auch laute Musik an und tanzen durch die Wohnung. Das findet Toni toll.

Herr Ezim hat eine Gruppe von Freunden. Sie kommen regelmäßig bei ihm vorbei, dann sitzen sie gemeinsam im Hof. Sie tragen Bärte, Brillen und Pullunder. Eine richtige Altherrenrunde, wie Mama Mia sagt. Manchmal gesellt sie sich aber auch mit Victor dazu und sie spielen mit Karten oder erzählen Witze.

Frau Mies fühlt sich einsam, denn ihre beste Freundin ist vor ein paar Monaten ausgewandert. Deshalb meckert sie momentan ein bisschen mehr als sonst. Sie ist traurig und schlecht gelaunt. Das gehört ebenso zum Thema Freundschaft: Manchmal kann es schwer sein, neue Leute kennenzulernen oder sich mit anderen verbunden zu fühlen. Auch darüber wollen wir in diesem Buch reden.

Doch nun wollen wir erst einmal sehen, wie all diese Personen sich kennengelernt haben, was ihre Beziehungen aus macht und was ihnen bei Freundschaften wichtig ist. Vielleicht findest auch du ja etwas über deine Freundschaften heraus.

> Und noch eine klitzekleine Anmerkung: Manchmal benutzen wir das *, zum Beispiel bei Freund*innen, um zu zeigen, dass Körpermerkmale nicht über uns bestimmen, sondern wir leben können, wie wir uns am wohlsten fühlen – als Mädchen, Junge, Mann, Frau oder als Person ohne klares Geschlecht. Manche Menschen benutzen beim Schreiben gerne das *, andere nicht. Wir machen es mal so, mal so, und du kannst schauen, was dir gefällt.

ANFREUNDEN

(sich) anfreunden (mit), (sich) erwärmen (für),
Gefallen finden (an), lieb gewinnen, warm werden (mit)

Freundschaften beginnen ganz unterschiedlich. Sich anzufreunden ist oft gar nicht so leicht. Manchmal geht es aber auch ganz schnell. Toni hast du ja schon kennengelernt. Aus dem zweiten Stock, weißt du noch? Toni hat zwei enge Freund*innen: Bo und Lou. Aber wie haben sie sich eigentlich angefreundet? Lou und Toni haben sich in der ersten Klasse kennengelernt und waren von Anfang an unzertrennlich. Das lief wie von selbst. Wie geschmiert. Kennst du das? Sie saßen nebeneinander und haben im Unterricht von Beginn an miteinander gekichert und gequasselt. So lange, bis ihre Lehrerin sie verzweifelt auseinandergesetzt hat. Dann haben sie sich halt einfach zum Spielen verabredet und nun treffen sie sich andauernd.

Eines Tages sind sie zusammen zum Fußballplatz und haben dort Bo kennengelernt. Bo war gerade neu in der kleinen Stadt und im Fußballteam und kannte noch niemanden. Bo hat sich dann getraut und Lou gefragt, ob sie nachmittags zusammen trainieren wollen. Lou hat sich gefreut und gleich Toni mitgebracht. Toni war darüber nicht so begeistert, denn mit Bo war das Anfreunden nicht ganz so leicht wie mit Lou. Bo war sehr schüchtern und die beiden wussten nie so recht, worüber sie reden sollten. Da entstand oft ein peinliches Schweigen. Herrje. Unangenehm, stimmts? Aber mit der Zeit kamen sie sich näher und es hat immer besser geklappt, etwas gemeinsam zu unternehmen oder über Quatsch zu lachen. Sie sind einfach etwas langsamer miteinander warm geworden. Wie ein guter Tee, der eine Weile ziehen muss.

Wenn du dich mit jemandem anfreundest, wirst du Schritt für Schritt immer vertrauter mit der anderen Person, bis es ganz normal ist, dass sie auch in Zukunft Teil deines Lebens ist.

Manchmal freundest du dich auch ganz zufällig mit anderen Kindern an und manchmal musst du richtig Mut aufbringen, um jemanden kennenzulernen. Hier sind Bos Tipps, um sich mit anderen anzufreunden:

- neugierig und offen sein
- freundlich sein
- neue Hobbys ausprobieren
- sich trauen, andere anzusprechen, z. B. auf dem Fußballplatz
- sich verabreden, andere einladen
- in der Schule auf andere zugehen
- beim Spielen aufeinander achten
- überlegen, mit wem man sich wohlfühlt und befreundet sein will
- andere um Rat fragen, wie man Freund*innen findet
- sich Zeit lassen und nicht zu sehr unter Druck setzen

Freundschaften sind immer auf Augenhöhe. Das heißt, zwischen Menschen, die ungefähr im selben Alter sind, mit ähnlichen Interessen und Fähigkeiten. Kinder sind mit Kindern befreundet und Erwachsene mit Erwachsenen.

BEZIEHUNG

Kontakt (haben), Liebesbeziehung (eingehen), Bekannt-
schaft (pflegen), Bindung (aufbauen), befreundet (sein)

Mama Mia und Toni haben eine Beziehung. Sie besteht daraus, dass Mama Mia sich um Toni kümmert, sie gemeinsam Dinge unternehmen und Mama Mia Toni sehr viel beibringt. Toni muss in der Beziehung nicht so viel machen. Na ja, außer Zähne putzen, ins Bett gehen, Hausaufgaben erledigen, aber auch mit Mama Mia kuscheln und Verstecken spielen. Aber Mama Mia hat viel mehr Verantwortung, da Toni eben ein Kind ist. Natürlich darf Toni auch mal Dinge entscheiden und Tonis Bedürfnisse sind wichtig, aber die Beziehung ist keine Freundschaft.

Bei Mama Mia und Victor, die beiden sind ja allerbeste Freunde, ist das anders. Beide sind Erwachsene und kümmern sich gleichberechtigt darum, wie die Beziehung gestaltet wird. Sie treffen sich zum Beispiel zu Tee und Kuchen oder gehen ins Kino.

Victor hatte lange noch eine andere wichtige Beziehung mit seinem Partner. Das war nicht so wie mit Mama Mia, denn er war in ihn verliebt und die beiden haben zusammengewohnt. Sie sind auch gemeinsam ins Kino gegangen, aber Victor und sein Partner haben im Kino Händchen gehalten und sich geküsst. Mama Mia und Victor nehmen sich zwar ebenfalls in den Arm, aber das ist nicht dasselbe. Sie sind kein Paar und haben sich auf eine andere Art lieb. Beziehungen sind also ganz unterschiedlich.

Zu ihnen zählen Freundschaften, Liebesbeziehungen, Bekanntschaften, aber auch familiäre Beziehungen wie zu den eigenen Eltern, Kindern, Geschwistern. Welche Beziehungen gibt es in deinem Leben?

Menschen in Deutschland haben durchschnittlich **vier** Liebesbeziehungen in ihrem Leben.

Und **vier** enge Freund*innen.

Quellen: https://www.t-online.de/leben/liebe/beziehung/id_100120664/diese-anzahl-an-beziehungen-ist-normal-.html (2024)
https://www.marktforschung.de/marktforschung/a/deutsche-haben-im-schnitt-37-enge-freunde/ (2024)

CLIQUE

(sprich: Klikeh)

(die) Gang, (die) Bande, (die) Gruppe

Eine Clique ist eine Freundesgruppe, die viel zusammen unternimmt oder gemeinsame Hobbys hat. Es gibt kleine Cliquen und sehr große. Vielleicht sagst du auch „Bande" oder „Gang" dazu.

Toni, Bo und Lou sind auch eine Bande, und zwar eine Piratenbande. Sie verkleiden sich, kämpfen mit Holzschwertern und sammeln die tollsten Schätze. Lou hat glitzernde Steine aus dem letzten Urlaub an der Ostsee mitgebracht. Toni findet regelmäßig interessante Dinge auf der Straße. Da war schon eine Menge dabei: zwei Euro, eine rosa Vase und sogar ein altes Tagebuch, das aus einem Papiermüll gefallen ist. Das alles lagern sie in ihrem Geheimversteck, das nur die drei kennen. Vielleicht verraten sie aber auch dir noch, wo es ist. Dort stellen sie Blumen in die Vase, lesen in dem alten Tagebuch und sammeln die wertvollen Steine und Gold-, äh, Eurostücke.

Herr Ezim, Tonis Nachbar, der mit dem Gemüse, hat ja auch eine Clique. Die Altherrenrunde, erinnerst du dich? Das raue, fröhliche Lachen der Gruppe dringt im Sommer oft in Tonis Zimmer, wenn das Fenster offen steht.

Ein Gruppengefühl kann total schön sein. Eine Gruppe kann dir Zusammenhalt und Unterstützung geben. In manchen Gangs gibt es aber auch starre Regeln, Anführer*innen und Außenseiter*innen. Toni mag das nicht. In Tonis Piratencrew sind alle gleichberechtigt.

Auch Herr Ezim findet, dass alle in einer Clique gut miteinander umgehen sollten. Hier ein paar Tipps von ihm, was eine gute Clique ausmacht:

- eine Chatgruppe gründen
- ein gemeinsames Hobby haben (oder mehrere)
- einen Treffpunkt finden, wie den Hof oder ein Geheimversteck … das ist bei Toni im Keller … aber pst, geheim!
- daran denken, dass alle gleich viel wert sind und gleichberechtigt dazugehören
- die Wünsche und Bedürfnisse von allen berücksichtigen
- darauf achten, alle liebevoll zu behandeln
- sich gegenseitig unterstützen und füreinander da sein

DA SEIN

(jemanden) unterstützen, sorgen (um), kümmern (um), (für jemanden) ansprechbar sein

Man sagt ja oft, dass Freund*innen immer füreinander da sind. Bei Tonis Mama Mia und Victor, ihrem besten Freund, klappt das aber nicht immer. Letztens war Mama Mia traurig, denn Victor hatte keine Zeit für sie. Erst war sie stinksauer und enttäuscht darüber, aber dann hat Victor ihr erklärt, dass er ganz viel Stress in der Arbeit hatte. Das konnte Mama Mia natürlich nicht wissen und sie war dann schnell gar nicht mehr sauer. Es tat ihr sogar leid, dass sie so schnell aufgebraust ist. Auch wenn wir immer füreinander da sein wollen, können wir das nicht jederzeit schaffen. Klar, wir verstehen das voll!

Trotzdem versuchen Freund*innen sich gegenseitig zu unterstützen und da zu sein. Dieses „Dasein" geht nur nicht immer sofort und überall, aber es bedeutet, dass man aneinander interessiert und gegenseitig ansprechbar ist. Wenn Victor mal wieder nicht sofort für Tonis Mama Mia da sein kann, sagt er jetzt: „Ich wäre gern für dich da, aber ich schaffe es gerade nicht. Ich melde mich bei dir, sobald ich kann, und denke an dich." Mama Mia merkt dann, dass er doch irgendwie immer da ist für sie. Und sie ist es ja auch für ihn.

Auch hier ist eine Clique oder ein Freundeskreis super, weil sich mehrere Menschen umeinander kümmern und Sorgen geteilt werden.

Mama Mia hat immer gute Tipps, wie man füreinander da sein kann:

- sich regelmäßig treffen
- sich anrufen
- gemeinsam schöne Unternehmungen machen
- liebe Nachrichten schreiben
- nachfragen, wie es geht
- zuhören
- auf sich selbst und die eigenen Grenzen und Bedürfnisse achten
- kleine Geschenke machen
- Spaß haben

EINZIGARTIGKEIT

besonders (sein), selten (sein), beispiellos (sein)

Freundschaften sind einzigartig. Keine ist so wie die andere. Jede Freundschaft ist besonders und kann ganz toll sein. Lou ist für Toni durch niemanden und niemals ersetzbar. Bo genauso wenig. Beide sind speziell für Toni und beide sind eben auch unterschiedlich und einzigartig. Mit niemandem kann Toni so lachen wie mit Lou. Lou ist laut, wild und immer gut drauf.

Bo ist anders, eher ruhig, sehr fantasievoll und auf eine leise Art lustig. Niemand könnte die beiden ersetzen oder wie sie sein. Auch für Lou und Bo ist Toni super wichtig. Sie finden Tonis Kleidungsstil beispiellos und Toni hält die Clique zusammen. Alle drei sind ganz unterschiedlich, wundervoll und unnachahmlich.

Auch wissenschaftlich gesehen ist jeder Mensch einzigartig. Wir haben zum Beispiel alle einen individuellen Fingerabdruck. Also du auch. Kein anderer sieht so aus wie deiner. Das kannst du ganz leicht probieren, indem du deinen Daumen auf ein Stempelkissen und dann auf ein Blatt Papier drückst. Vergleiche deinen Fingerabdruck doch mal mit dem deiner Freund*innen.

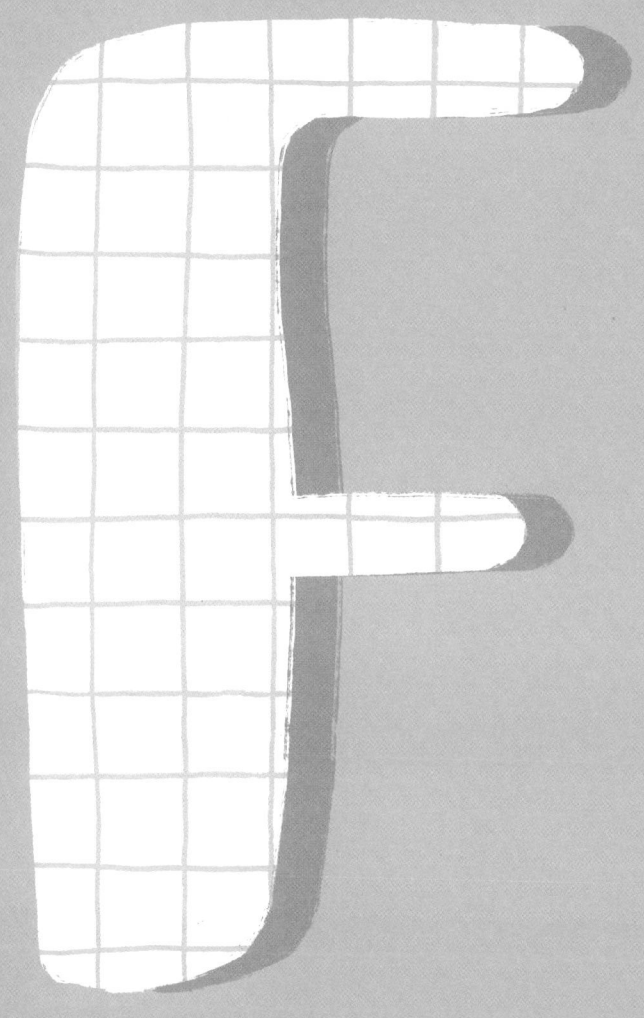

FREUNDSCHAFT

(die) Gemeinschaft, (die) Verbindung, (die) Beziehung

Es gibt ganz unterschiedliche Freundschaften. Freund*innen können selbst bestimmen, wie ihre Beziehung aussehen soll. Wie oft man sich sieht, worüber man spricht oder was man miteinander unternimmt, ist nicht festgelegt.

Mama Mia und Victor reden viel über ihr Leben und die Welt, wohingegen Herr Ezim, der Nachbar mit dem Gemüse, mit seinen Freunden am liebsten Karten spielt. Toni sammelt mit Lou

und Bo Piratenschätze. Das weißt du ja schon. Mit Lou redet Toni manchmal auch über Geheimnisse und Gefühle. Wichtig ist, dass man einander mag, eine Verbindung spürt und sich miteinander wohlfühlt, auch wenn es Streit geben darf. Freundschaften sind freiwillig, ganz ohne Zwang und alle dürfen sagen, was sie sich in der Beziehung wünschen. Auch die Dauer von Freundschaften variiert. Manche Menschen sind über Jahre oder ihr ganzes Leben lang befreundet, manche kürzer.

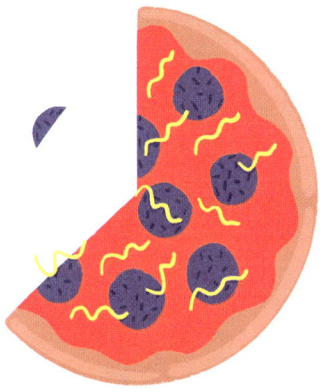

63 % der Menschen, die in Deutschland leben, finden Ehrlichkeit in einer Freundschaft besonders wichtig.

63 % finden es wichtig, füreinander da zu sein.

48 % finden es am wichtigsten, dass man sich Geheimnisse anvertrauen kann.

Quelle: https://de.statista.com/statistik/daten/studie/1323526/umfrage/umfrage-in-deutschland-zu-merkmalen-von-guten-freundschaften/ (2024)

GEFÜHLE

(die) Empfindung, (die) Emotion

Gefühle spielen nicht nur in Liebesbeziehungen eine große Rolle. Erinnerst du dich noch an Victor und seinen Partner? Die beiden waren verliebt ineinander und bei Verliebten reden viele Menschen über die Wichtigkeit von Emotionen. Aber auch in Freundschaften sind diese besonders wichtig. Toni spürt viel Zuneigung und Wärme für Lou und Bo. Diese Gefühle sitzen bei Toni im Bauch und fühlen sich gut an.

Aber manchmal spürt Toni auch Ärger oder Wut. Dann wird Tonis Kopf ganz heiß. Das passiert zum Beispiel, wenn Lou nicht zuhört oder Bo eine Verabredung vergisst. Toni reagiert dann leicht pampig und laut.

Auch Mama Mia hat Gefühle für ihren besten Freund Victor. Sie hat manchmal Angst, ihn zu verlieren, etwa wenn sie sich streiten. Sie fühlt dann so etwas wie einen Kieselstein in der Brust. Sie zieht sich zurück und wird ganz ruhig.

Tonis Nachbar Herr Ezim empfindet vor allem das Gefühl der Freude, wenn er mit seinen Freunden Karten spielt. Er strahlt dann über das ganze Gesicht. Wenn ein Treffen ausfällt, fühlt er sich einsam. Manchmal kommt Frau Mies vorbei und bringt ihm ein Stück Kuchen. Herr Ezim fühlt sich daraufhin gemocht und ist dankbar für die Geste.

Kennst du das auch, dass du deine Gefühle im Körper spürst? Wut kann im Bauch sitzen, Angst in der Brust oder Freude dich einmal ganz durchkribbeln. Wo sitzen die Gefühle bei dir?

WOHER KOMMEN GEFÜHLE?

Schöne Gefühle haben wir, wenn uns schöne Dinge passieren, oder? Tatsächlich brauchen wir für unsere Emotionen mehr als das Außen, also mehr als ein Eis, über das wir uns freuen, oder eine liebe Umarmung zum Beispiel. Auch in unserem Körper muss etwas passieren, damit wir etwas fühlen können. Gefühle entstehen so: Unser Körper produziert Botenstoffe. Diese werden auch Hormone genannt. Hormone werden in Drüsen, beispielsweise im Gehirn oder in der Bauchspeicheldrüse, hergestellt und dann über das Blut im gesamten Körper verteilt. Sie tragen Informationen mit sich herum, die sie dann an sogenannte Rezeptoren, das sind Stellen zum Andocken, verteilen.

Puh, das klingt kompliziert, oder?

Stell dir einfach vor, Lou schreibt Toni einen Brief. Dieser Brief, der eine wichtige Information enthält, wird von der Briefträgerin bei Lou in den Briefkasten geworfen. Im Brief steht ein lieber Satz, der Toni glücklich macht:

Du bist toll!

Also: Lou (die Drüse) schreibt einen Brief mit einer Information (Botenstoff) und dieser wird vom Blut (Briefträgerin) an die Rezeptoren (Briefkasten) übermittelt. So entsteht eine Reaktion, zum Beispiel ein Glücksgefühl bei Toni.

Wenn Freund*innen etwas Nettes tun, löst das Bindungs- und Nähegefühle aus. Das verantwortliche Hormon heißt Oxytocin. Wenn Toni also den netten Brief bekommt, wird bei ihm Oxytocin ausgeschüttet und Toni fühlt sich mit Lou verbunden. Und auch im Körper findet eben so was wie ein Briefaustausch statt.

(An dieser Stelle möchten wir uns bei Lou entschuldigen, dass wir Lou Drüse genannt haben ☺)

HUMOR

(die) gute Laune, (der) Witz, (das) Vergnügen

Tonis Nachbarn Herr Ezim und Frau Mies verstehen sich ja eigentlich nicht so gut. Sie streiten sich ziemlich häufig über die Unordnung auf dem Hof oder darüber, dass Herr Ezim sein Altpapier nicht richtig faltet, bevor er es in die Tonne wirft. Das findet zumindest Frau Mies. Aber es gibt eine Sache, die die beiden verbindet. Diese Sache kann einen Konflikt beenden, Leichtigkeit schaffen und die beiden Streithähne doch immer wieder freundlich zusammenbringen. Es ist der Humor.

Sie lachen dann über dieselben Dinge, zum Beispiel wenn eine Gurke von Herrn Ezim lustig geformt ist. Und auch wenn man es nicht denkt, Frau Mies kann gut Witze erzählen. Wenn die beiden eine vergnügliche Zeit miteinander verbringen, nähern sie sich an und haben ein besseres Gefühl füreinander. Das kann eine prima Basis für eine Freundschaft sein.

— Wie nennt man streitende Gurken?

— Mmh …

— Saure Gurken.

— So wie wir zwei.

Okay, das ist nicht der beste Witz der Welt, aber sei ehrlich: Kennst du einen besseren?

INSPIRATION

(der) Impuls, (die) Idee, (der) Einfall

Inspiration ist ein schwieriges Wort, stimmts? Es ist aber eigentlich ganz leicht zu erklären. Manchmal inspirieren einen andere dazu, etwas Neues anzufangen oder einer Idee zu folgen. Sagen wir mal, eine Künstlerin sieht eine bestimmte Blume und will sie dann gerne zeichnen. Die Blume hat sie zu einem Bild inspiriert, also ihr den Impuls dazu gegeben, etwas zu schaffen. Wenn sie die Blume nicht gesehen hätte, hätte sie vielleicht gar nichts gemalt.

Unter Freund*innen verhilft man sich auch manchmal zu neuen Einfällen, Gedanken oder Taten. Das ist super. Bo wäre nie von allein darauf gekommen, Schätze zu sammeln, wenn Toni nicht davon erzählt hätte, Pirat*in werden zu wollen. Und Bo bastelt immer so schöne Dinge und irgendwann wollte Toni auch kleben, schneiden und werkeln. Sie haben sich also gegenseitig inspiriert.

Andere Menschen bereichern deinen Alltag und können dich dazu bringen, kreativ zu werden.

Eine Inspiration von Lou für dich:

Mach heute etwas Neues. Etwas, was du noch nie gemacht hast. Was könnte das sein?

JAHRESTAG

(das) Jubiläum (feiern)

Von Jubiläumsfeiern hast du vielleicht schon gehört. Da stehen zum Beispiel auf einer schnarchigen Firmenfeier Erwachsene mit Anzügen und Brezeln herum und feiern, dass es ihre Firma bereits seit hundert Jahren gibt. Klingt langweilig, oder? Und auch viele Liebespaare feiern den Tag, an dem sie sich kennengelernt haben. Auch nicht so spannend. Der eigene Geburtstag ist ebenfalls ein Jahrestag. Schon besser?! Es gibt eine Menge Anlässe, um jedes Jahr ein Jubiläum zu feiern.

In Freundschaften gibt es das für gewöhnlich leider nicht, aber Lou und Toni ist das egal und deshalb haben sie sich den Jahrestag ganz nach piratischer Manier gekapert und feiern nun jedes Jahr ihr Kennenlernen. Es gibt eine wundertolle Party mit Kuchen, Ballons, Musik und Eiscreme. Bo, Tonis Mama Mia, Victor, Herr Ezim und Frau Mies sind natürlich auch eingeladen. Alle freuen sich darüber, dass Lou und Toni sich kennengelernt haben. Und dann auch gleich darüber, dass sie sich alle

kennen. Sogar Frau Mies lächelt an diesem Tag ein wenig und isst ein großes Stück Apfelkuchen mit extra viel Sahne. Manchmal schwingt sie sogar ein bisschen mit den Hüften, während die anderen wild über den Hof tanzen.

Toni und Lou lieben ihren Jahrestag. Hier ihre Must-haves, also alles super-duper Wichtige für eine schöne Party:

- eine Playlist mit den Lieblingssongs
- gemeinsame Spiele, wie Stopptanz
- super leckere Kuchen
- Snacks, je nach Laune Chips, Gummiwürmer oder Obstsalat
- Getränke, zum Beispiel selbst gemachte Limonade
- Dekoration und einen Haufen Glitzer
- eine Schatzsuche – die darf bei Pirat*innen nicht fehlen!

KOMPROMISS

(das) Zugeständnis, (die) Einigung,
(die) Abmachung, (die) Übereinkunft

In vielen Beziehungen muss man Kompromisse schließen. Aber was heißt das genau? Manchmal wollen wir unterschiedliche Dinge. Das kann zu einem Streit führen, aber auch zu einer Einigung. Man trifft sich zum Beispiel in der Mitte.
Nehmen wir Frau Mies und Herr Ezim aus Tonis Haus. Die beiden haben wochenlang lauthals über den freien Platz im Hof diskutiert. Sie wollte mehr Blumen anpflanzen, er mehr Gemüse. Tonis Mama Mia war deswegen schon ganz genervt. Zum Glück haben sich die beiden sauren Gurken dann irgendwann zusammengesetzt, miteinander geredet und sich geeinigt. Nun hat Herr Ezim einen eigenen Bereich für sein Gemüse und Frau Mies für ihre Blumen. Beide bekamen, was sie wollten, zudem sehen die Hochbeete mit den Kürbissen und die Töpfe voller bunter Blüten sehr schön aus, findet Toni. Finden wir auch. Sieh nur!

Auch Toni, Bo und Lou müssen immer wieder Kompromisse finden. Wenn sie sich treffen, wollen Toni und Lou meistens Fußball spielen, Bo aber lieber malen. Selten haben sie genug Zeit, um beides zu machen, also wechseln sie ab: einmal malen, einmal Fußball spielen, einmal malen, einmal Fußball spielen …

Am liebsten möchte ich, dass alle nach meiner Pfeife tanzen, aber ich weiß auch, dass das nicht geht, und mittlerweile macht mir Malen genauso viel Spaß wie Fußball spielen.

Kompromisse können auch neue Inspirationen bringen. Aber auch nerven, das ist klar. ☺

LIEBE

(die) Verbundenheit, (das) Gefühl, (die) Nähe

Liebe ist auch so ein Wort, das man vor allem für Paare verwendet. Pärchen sind verliebt, lieben sich, sind in Liebe verbunden und so weiter und so fort. Doch Liebe kann man in vielen Beziehungen empfinden. Natürlich auch in Freundschaften. Tiefe Gefühle der Nähe und Geborgenheit gehören dazu. Doch Liebe geht über Emotionen hinaus und bedeutet auch, sich aufeinander einzulassen. Wenn man sich liebevoll gern hat, nimmt man Rücksicht aufeinander, vertraut sich, lernt sich immer besser kennen, handelt Kompromisse aus oder streitet sich auch mal. Das ist nicht immer nur leicht, aber oft auch sehr schön. Liebe wächst mit der Zeit. Wird immer enger und größer. Manche lieben sich für sehr viele Jahre oder sogar ihr ganzes Leben lang. Manchmal verändert Liebe sich auch einfach. Sie wird weniger und wieder mehr. Manche Menschen hören auch auf, sich zu lieben.

Verbundenheit und Erinnerungen bestehen trotzdem. Toni weiß, dass Mama Mia Toni liebt und sie als Mama Mia im Leben von Toni bleiben wird. Von Bo und Lou wünscht sich Toni dasselbe, denn Freund*innen fürs Leben sind etwas sehr Schönes.

Du kannst Menschen auf unterschiedliche Arten zeigen, dass du sie liebst. Toni hat ein paar Ideen gesammelt:

- mit schönen Worten: „Du bist toll", „Ich habe dich lieb"
- mit Körpersprache: sich in den Arm nehmen oder kuscheln, wenn alle das möchten
- einander unterstützen und helfen
- ein liebes Geschenk machen
- viel Zeit miteinander verbringen
- gut zuhören und sich interessieren
- einander Vertrauen schenken

MUT

(die) Entschlossenheit, (die) Waghalsigkeit

In Freundschaften ist Mut eine wichtige Sache. Es erfordert Mut, sich mit jemandem anzufreunden. Bo ist sehr schüchtern und hat sich zu Beginn gar nicht getraut, mit Toni und Lou zu sprechen, da beide eher laut und wild sind. Doch Bo hat sich dazu entschlossen, es doch zu versuchen, und ist über den eigenen Schatten gesprungen. Das hat sich gelohnt, denn inzwischen sind sie alle beste Freund*innen. Und Bo traut sich immer mehr, neue Dinge zu probieren, denn Lou und Toni sind super gut im Mutmachen und unterstützen Bo.

Vielleicht denkst du, nur laute Menschen sind mutig, das stimmt aber nicht. Diejenigen, die etwas ruhiger sind, brauchen nur manchmal eine Extraportion Waghalsigkeit, dann läufts.

Victor hat sich vor Kurzem getraut und ist auf ein Date gegangen. Auch er ist eher etwas zurückhaltend. Tonis Mama Mia hat ihn bestärkt und nach dem Treffen haben sie stundenlang über den Abend von Victor gequatscht. Das Treffen war nicht so toll, denn der Typ, den Victor getroffen hat, war leider ganz laaaaangweilig und hat nur von sich erzählt. Victor hatte nicht viel Spaß, aber sein Mut hat sich trotzdem gelohnt, denn er hat etwas gewagt und wurde danach aufgefangen. Mama Mia wiederum ist Fallschirm gesprungen. Victor würde das nie machen, hat aber unten auf sie gewartet.

Bo muss immer wieder neuen Mut fassen. Falls es dir auch manchmal so geht, hier sind Bos Ratschläge:

- Mut kann man trainieren, auch mit kleinen Dingen: z. B. etwas in der Eisdiele ganz alleine bestellen, jemanden anrufen oder etwas Neues ausprobieren
- Scheitern ist okay. Wenn man sich das vor Augen hält, ist das Neue nicht mehr so bedrohlich.
- sich belohnen, wenn man sich etwas getraut hat
- sich vorstellen, wie gut es einem geht, wenn man etwas geschafft hat
- andere um Unterstützung bitten
- sich selbst als Superheld*in vorstellen

NEID

(die) Eifersucht, (die) Missgunst, (die) Schadenfreude

In Freundschaften gibt es nicht nur schöne Gefühle. Auch ist man nicht immer nur nett zueinander. Manchmal ist man sauer oder auch neidisch. Zum Beispiel darauf, dass andere etwas haben, was man nicht hat. Da fallen uns gute Noten in der Schule oder ein teures Spielzeug ein. Dann kann man an nichts anderes denken als daran, was man nicht hat, aber gerne hätte. Kennst du das?

Neid kann sich aber auch auf Personen beziehen. Dann spricht man eher von Eifersucht. Bo war schon manchmal eifersüchtig, weil Lou und

Toni so gut befreundet sind. Tonis Mama Mia war hin und wieder etwas sauer und traurig, weil ihr bester Freund Victor mehr mit seinem Partner unternommen hat als mit ihr. Als die beiden sich getrennt haben, war sie ein bisschen schadenfroh, hat sich dann aber geschämt, weil sie natürlich will, dass Victor glücklich ist.

Eifersucht und Neid sind keine schönen Gefühle, aber wir haben sie trotzdem. Sie zeigen uns auch eine Sehnsucht nach etwas, was wir gerne hätten, oder nach einer Person, der wir näher sein möchten. Für Neid und Eifersucht muss man sich nicht schämen. Sie sind menschlich. Es ist aber gut, darüber zu reden und aufzupassen, dass sie nicht zu groß werden und wir anderen auch Gutes zugestehen.

Wann bist du besonders neidisch oder eifersüchtig?

Ich fühle mich oft schlecht, wenn ich mich zu sehr mit anderen vergleiche. Das passiert mir, wenn ich meine Freund*innen online sehe. Sie wirken dort immer nur fröhlich und unternehmen die ganze Zeit tolle Dinge. Zum Glück erinnert mich Victor daran, Handypausen einzulegen und mir bewusst zu machen, dass wir im Internet meist nur bestimmte Ausschnitte zeigen und nicht das ganze Leben mit all seinen Höhen und Tiefen.

OBERPEINLICH

(etwas) unangenehm (finden), (sich) schämen

Wenn uns etwas peinlich ist, schämen wir uns und bekommen einen roten Kopf oder ein heißes Gefühl im Magen. Wir möchten uns am liebsten im Bett verkriechen und nie wieder jemanden treffen. Es ist kein schönes Gefühl. Menschen sind unterschiedliche Dinge unangenehm. Lou hat einen Hund namens Shushu, erinnerst du dich? Manchmal landen ein paar Hundehaare von Shushu auf Lous Schulbrot. Die anderen Kinder in der Klasse finden das eklig und lachen darüber. Einfach oberpeinlich. Lou ist normalerweise laut und selbstbewusst, aber wenn Lou sich schämt, ändert sich das plötzlich. Dann wird Lou ganz schön leise und möchte am liebsten losheulen. Bo ist ja normalerweise schüchtern, aber in dem Moment hilft Bo Lou und sagt:

Ach, meine Oma macht mir auch immer Haare aufs Brot. Ich sag ihr jedes Mal, dass ich das nicht mag, aber sie meint, es sei gesund.

Dann müssen alle Kinder lachen und Lou kann wieder aufatmen. Ein Witz hilft manchmal gut gegen Scham und ein oberpeinliches Gefühl. Aber auch ohne Humor geht das Gefühl zum Glück irgendwann wieder vorbei.

Wir würden dich ja fragen, was dir oberpeinlich ist, aber daran willst du vielleicht gar nicht denken, oder?

PUDELWOHL

fröhlich (sein), gut gelaunt (sein)

Freund*innen fühlen sich oft pudelwohl miteinander. So wohl wie Lous Hund Shushu, wenn er durch den Park rennt und im kleinen Fluss baden geht. Auch wenn er kein Pudel ist, kommt das Wort „pudelwohl" tatsächlich vom Pudel, der gerne schwimmt und das total genießt.

Toni, Lou und Bo sind ebenso gut gelaunt, wenn sie gemeinsam im Sommer im Freibad sind, plantschen, Pommes essen und sich sonnen. Auch sie rennen dann über die Wiese (Achtung, Bienen!) und springen gemeinsam ins Wasser. Es gibt einfach kein schöneres Gefühl als tolle Pudeltage, an denen man einfach nur gut gelaunt ist.

Ich schreibe mir diese schönen Pudelerinnerungen in mein Tagebuch, um sie mir an traurigen Tagen ins Gedächtnis zu rufen.

WUSSTEST DU DAS?

Lou ist übrigens nicht nur mit Toni und Bo befreundet, sondern auch mit Shushu. Er kann zwar nicht reden, aber dafür können die beiden zusammen rennen, spielen, raufen, kuscheln, und wenn Shushu bellt, weiß Lou trotzdem meistens, was Shushu will, zum Beispiel Futter oder spazieren gehen. Und auch Lou erzählt Shushu Dinge, die Lou sonst mit niemandem teilt. Der Hund behält sie auf jeden Fall für sich.

Menschen und Tiere können eine enge Bindung haben. Dafür ist es wichtig, dass die Menschen liebevoll mit den Tieren umgehen und ihnen genügend Platz und Pflege zukommen lassen.

Aber wusstest du, dass Tiere auch untereinander befreundet sein können? Die Wissenschaft erkundet seit jeher die Tierwelt und beobachtet, dass Tiere auch abseits von Familienkonstellationen tiefe Bindungen eingehen und ganz besondere Muster entwickeln, wie sie miteinander spielen oder kommunizieren.

Pferde sind meist in Cliquen unterwegs, Kühe hängen oft zu zweit ab. Delfine haben sogar bestimmte Namen füreinander. Jeder Delfin lernt in jungen Jahren einen bestimmten Pfiff, an dem er zu erkennen ist.

Besonders unter Haustieren und Tieren in Wildparks oder Zoos entstehen oft ungewöhnliche Freundschaften: Katze und Hund, Ente und Esel oder Tiger und Ziege. Manche Tiere kuscheln, säubern sich gegenseitig das Fell oder toben zusammen durch die Gegend.

Doch auch in der freien Wildbahn kommt es zu ungewöhnlichen Verbindungen. Rabe und Wolf jagen gemeinsam, spielen aber auch miteinander und vertrauen sich gegenseitig.

QUATSCH MACHEN

Streiche (spielen), albern (sein), (der) Schabernack

Manche Freund*innen machen gerne Quatsch miteinander. Das kann ganz unterschiedlich aussehen. Bo schneidet Grimassen und bringt andere damit zum Kichern. Lou kann wie ein Clown gehen und albert so viel herum, dass Toni und Bo sich vor Lachen am Boden kringeln. Toni macht auch zu Hause gerne Schabernack und spielt Mama Mia heimlich Streiche, am liebsten vertauscht er Salz und Zucker.

Mama Mia findet es aber überhaupt nicht lustig, wenn ihre Kürbissuppe plötzlich süß schmeckt. Aber so lange der Quatsch so harmlos bleibt, muss auch sie grinsen, wenn sie sich wieder abgeregt hat, denn Quatsch macht das Leben leichter.

Tonis Tipps für gute Streiche:

Es ist wichtig, nicht zu übertreiben, niemanden zu verletzen oder zu beleidigen und darauf zu achten, dass es für alle lustig ist. Am besten machst du nichts kaputt und fragst dich selbst, ob du lachen würdest, wenn dir jemand den Streich spielen würde.

Hier noch ein paar Ideen:

- Salz- und Pfefferstreuer mit Tesafilm zukleben
- Klopapier in die Schuhe stopfen
- Gummispinne unters Kopfkissen legen
- Klingelstreich

RUHE

(die) Entspannung, (die) Pause

In Freundschaften geht es oft turbulent zu. Menschen streiten, lachen, feiern oder gehen gemeinsamen Hobbys nach. Zwischendurch ist es allerdings auch schön, zusammen Ruhe zu genießen. Einfach rumhängen und den Alltag vergessen. Tonis Mama Mia ist oft sehr müde von der Arbeit. Dann liebt sie es, mit Victor auf der Couch zu lümmeln und Filme zu schauen. Sie trinken Tee, essen Popcorn und entspannen.

Auch Bo, Toni und Lou brauchen hin und wieder eine Pause von der Schule, vom Spielen oder vom Fußballtraining. Dann genießen sie die Stille oder lauschen einem spannenden Hörbuch, basteln Sterne, hängen sie auf und kuscheln sich anschließend ins Bett, um in den Bastel-Sternenhimmel zu schauen. Sie liegen einfach da. Manchmal schläft Bo ein und schnarcht. Dann müssen Lou und Toni kichern. Aber leise, um Bo nicht aufzuwecken. Auch ruhige Momente können in Freundschaften wichtig sein. So kannst du deinen Akku aufladen und neue Energie tanken. Gemütlichkeit schafft Geborgenheit und Nähe.

Ruhe zu genießen ist manchmal gar nicht so leicht. Wir sind es gewohnt, viel zu reden und ständig im Austausch zu sein. Probier doch mal, dir Ruhezeiten zu nehmen. Du könntest ein Buch lesen, basteln oder einfach im Gras liegen und in den Himmel schauen.

STREIT

(die) Auseinandersetzung, (der) Konflikt

Klar, in Freundschaften wird auch immer wieder mal gestritten. Bei einem Streit prallen unterschiedliche Bedürfnisse aufeinander und es gibt einen Konflikt. Du weißt bestimmt, wovon wir reden, oder?

Letztens wollte Lou Eis essen gehen, Toni aber eine Pizza bestellen. Die beiden haben sich richtig angepampt und hitzig diskutiert. Am Ende gab es dann weder noch, weil sie so lange gestritten haben, bis Lou nach Hause musste. Am nächsten Tag konnten sie zwar darüber lachen, aber schade war es schon, dass es weder Pizza noch Eis gab.

Auseinandersetzungen können aber auch tiefer gehen. Manche Menschen beleidigen sich und verletzen die Gefühle der anderen Person. Sie schreien oder brüllen. Manchmal geht es um Kleinigkeiten, aber manchmal auch um große Themen. Menschen streiten wegen Missverständnissen, Lügen, Politik oder dem Müll.
Auch Victor hat einmal Tonis Mama Mia angelogen. Er sagte, er habe keine Zeit für ein Treffen, obwohl er eigentlich keine Lust hatte. Als das rauskam, war Mama Mia sehr beleidigt. Er hat sich daraufhin entschuldigt und erklärt, dass es ihm oft schwer fällt, Nein zu sagen, weil er sie nicht verletzen will. Das konnte sie verstehen, aber ihr ist Ehrlichkeit lieber, und jetzt sagt Victor immer offen, wenn er mal keine Lust hat.

Ein Streit kann wie ein Gewitter sein, das die Luft reinigt und ein Problem zu Tage fördert, über das man reden muss. Aber er kann auch wie eine Sturmflut sein, die alles wegreißt. Es ist gut, wenn man streiten kann. Im besten Fall lernt man sich durch einen ordentlichen Streit sogar besser kennen, aber ein bisschen aufpassen muss man doch, dass man nicht gemein zueinander wird. Das klingt anstrengend, oder? Finden wir auch, aber es lohnt sich.

Mama Mias Tipps bei einem Streit:

Versuch trotz aller Emotionen andere nicht zu beleidigen, sondern zuzuhören und zu verstehen. Auch wenn du gegenteiliger Meinung bist. Es kann helfen, anderen genau zu sagen, was dich stört und was du dir von ihnen wünschst. Auch was du selbst besser machen kannst, ist eine wichtige Überlegung.

TRAUER

(die) Verzweiflung, (der) Kummer, (das) Leid

Trauer ist kein schönes, aber ein wichtiges und ganz normales Gefühl. Es kann aus unterschiedlichen Gründen entstehen. Zum Beispiel, wenn man sich mit jemandem streitet, eine Freundschaft oder Liebesbeziehung endet, wenn man etwas Wichtiges verliert oder auch mal ohne einen richtigen Grund. Manche Tage sind einfach grau.

Toni ist oft traurig, weil Mama Mia und Papa sich vor ein paar Jahren getrennt haben. Papa meldet sich seitdem nur selten. Darüber ist Toni sehr unglücklich. Manchmal muss Toni abends weinen. Mama Mia schließt Toni daraufhin in die Arme und wartet, bis die Tränen weniger werden. Sie tröstet Toni und Trost ist bei Trauer sehr wichtig, damit sie wieder vorbeigeht.

Tonis Nachbar Herr Ezim war in seinem Leben auch schon unglaublich verzweifelt, denn seine Frau ist vor einigen Jahren gestorben. Alle im Haus waren für ihn da. Besonders Frau Mies hat sich sehr um ihn gekümmert und der ganze Streit zwischen den beiden war vergessen. Sie sind viel miteinander spazieren gegangen. In dieser Zeit sind sie richtige Freunde geworden. Das hat Herrn Ezim gegen die Einsamkeit geholfen. Leid ist leichter zu ertragen, wenn wir uns gegenseitig unterstützen und nicht alleine bleiben. Trotzdem ist Herr Ezim immer wieder mal traurig, denn Trauer kommt oft in Wellen.

Wenn du mal traurig bist, vertrau dich jemandem an. Reden hilft. Frag Freunde, Verwandte oder andere liebe Menschen, ob sie dich mal in den Arm nehmen können. Manchmal kann es auch gut sein, kreativ zu werden, zum Beispiel zu malen, zu tanzen oder Musik zu machen. Man darf aber auch einfach mal viel weinen oder sich leer fühlen. Trauer braucht Platz. Aber bleib bitte nicht dauerhaft alleine damit.

UNBESCHWERTHEIT

(die) Unbeschwertheit, (die) Leichtigkeit

Freund*innen gehen gemeinsam auch durch schwere Zeiten. Sie unterstützen sich und sind füreinander da. Doch auch Unbekümmertheit und Spaß sind wichtig, denn beides hilft uns, schlechte Tage zu überstehen. Unbeschwertheit erleichtert

den Alltag und Lachen macht glücklich. Deshalb veranstalten Mama Mia und Toni jeden Monat einen Spieleabend. Dazu sind alle eingeladen: Victor, Lou, Bo, Frau Mies und Herr Ezim. Sie machen Pantomime und probieren neue Brettspiele aus. Herr Ezim mag ja am liebsten Kartenspiele, doch auch er erklärt mit Händen und Füßen lustige Begriffe. Das macht er so gut, dass alle mit ihm in einem Team spielen wollen. Besonders als Herr Ezim sehr traurig war, haben ihm diese Spieleabende geholfen, wieder zu lachen und ein wenig Leichtigkeit im Herz zu fühlen.

Ich liebe Leichtigkeit und Lachen!

Was macht dich glücklich und beschert dir Unbekümmertheit? Schreib doch mal eine kleine Liste, wenn du Lust hast, und versuch die Punkte in deinen Alltag einzubauen.

Lou ist also Unbekümmertheit bei Freundschaften besonders wichtig:

Ja, genau.

Ich möchte, dass man einander vertraut und auch mal zusammen zur Ruhe kommt. Beides brauche ich.

Ich will vor allem Spaß haben und gemeinsame Hobbys teilen.

Ich mag gute Kompromisse und dass man offen miteinander spricht.

Das ist mir auch wichtig. Und ein wenig Quatsch, der den Alltag auflockert.

 Wie zum Beispiel Streiche spielen.

Na ja ...

 Ich finde es wichtig, dass man sich gegenseitig unterstützt. Und natürlich will ich mit meinen Freunden Karten spielen.

Ich will nur Freunde haben, die zuverlässig sind.

 Also ich bin sehr zuverlässig und auch ehrlich!

Oh, das ist schön!

VERSTECK

(der) Unterschlupf, (das) Geheime

Toni, Lou und Bo haben ein geheimes Versteck. Dort lagern sie nicht nur ihre Schätze und Verkleidungen, sondern vertrauen sich auch gegenseitig Geheimnisse an. Hier können sie über alles reden, denn ihr Unterschlupf ist ein sicherer Ort. Dort kann sie niemand hören. Dinge gemeinsam zu verstecken und geheime Gedanken zu teilen, kann manchmal sehr schön sein und Freund*innen sind oft unsere engsten Vertrauten.

Als Lou sich in Yūna aus der Parallelklasse verknallt hat, hat es sich aufregend und toll angefühlt, das mit den anderen zu teilen. Bo, Lou und Toni haben stundenlang gekichert und einander geschworen, dass diese Geschichte nie ihren Unterschlupf verlässt.

Doch manchmal sind Geschichten nicht nur so lustig und leicht wie Lous Verknalltheit, sondern können auch traurige und belastende Gefühle auslösen. Bo hat den anderen einmal anvertraut, dass Bo deswegen bei Oma lebt, weil die Eltern sich ständig angebrüllt und doll gestritten haben. Toni hat das sehr belastet, denn Bo hat Toni sehr leid getan. Also hat Toni alles Mama Mia erzählt, denn es brauchte eine Erwachsene, um darüber zu reden. Bo konnte das gut verstehen.

Es gibt schöne und schlechte Geheimnisse. Schöne Geheimnisse behält man gern für sich, sie machen ein gutes Gefühl, wenn andere sie mit einem teilen. Schlechte Geheimnisse belasten einen und fühlen sich zu schwer an, um sie alleine zu tragen. Dann ist es wichtig, mit jemandem darüber zu reden. Auch wenn es ein Geheimnis ist.

Du darfst dich immer einer Person anvertrauen, wenn es dir nicht gut geht. Das ist wichtiger als ein Versprechen! Lass dich nicht unter Druck setzen und sprich mit einer Vertrauensperson.

WACHSEN

(sich) verändern, (sich) entwickeln

Menschen verändern sich im Laufe ihres Lebens. Sie lernen etwas dazu, fangen neue Dinge an oder werden einfach älter. Das nennt man auch wachsen. Genau wie Pflanzen oder Bäume, die neue Äste, Blätter oder Blüten entwickeln, entwickeln Menschen neue Ideen oder Eigenschaften. Nichts bleibt, wie es ist. Und da Menschen sich verändern, verändern sich auch Freundschaften. Manchmal wachsen wir in dieselbe Richtung und immer weiter zusammen. Aber manchmal gedeihen wir auch ganz unterschiedlich. Sind wie zwei Bäume, die weit auseinanderstehen. Beides kann für eine Freundschaft funktionieren. Manchmal kommen wir uns aber auch zu nah und fühlen uns eingeengt oder stehen doch zu weit auseinander.

Findest du Nähe schön oder möchtest du etwas mehr Distanz und Zeit für dich?

Toni und Lou sind wie ein großes Gewächs voller Blumen. Ganz nah, sodass man manchmal gar nicht mehr weiß, wo die eine Pflanze anfängt und die andere aufhört. Bo wächst auch nah bei den beiden, aber ein wenig vorsichtiger. Streckt ein paar Äste in ihre Richtung, braucht aber auch viel Platz für sich. Wenn es Probleme gibt, etwa in der Schule oder zu Hause, helfen sich die drei gegenseitig (zum Beispiel bei den Hausaufgaben) und werden so immer kräftiger.

Welches Gewächs wärst du? Male dich und deine Freund*innen als Pflanzen.

XOXO

Küsse und Umarmungen

Freundschaften sind nicht selbstverständlich, sondern etwas Besonderes. Es ist schön, sich gegenseitig zu zeigen, dass man aneinander denkt. Dabei können liebevolle, süße, lustige oder ernsthafte Worte helfen. Toni schreibt Lou und Bo jeden Sommer eine Postkarte aus dem Urlaub. Darin beschreibt Toni die

Berge oder das Meer, das Essen und das kuriose Verhalten der anderen Reisenden, die zum Beispiel Sonnenliegen mit Handtüchern reservieren oder sich am Buffet vordrängeln. Bo bastelt jedes Jahr für Lou und Toni wunderschöne Geburtstagskarten mit Fußbällen oder Flaggen darauf. Dazu schreibt Bo einen kleinen Text, was Bo am Geburtstagskind besonders gern mag. Lou wiederum hat es nicht so mit Worten. Deshalb malt Lou lieber kleine Bilder für die anderen. Das ist auch richtig nett und alle drei unterschreiben mit XoXo. Sie sammeln die Texte und Bilder, die mit der Zeit zu unvergesslichen Erinnerungen werden.

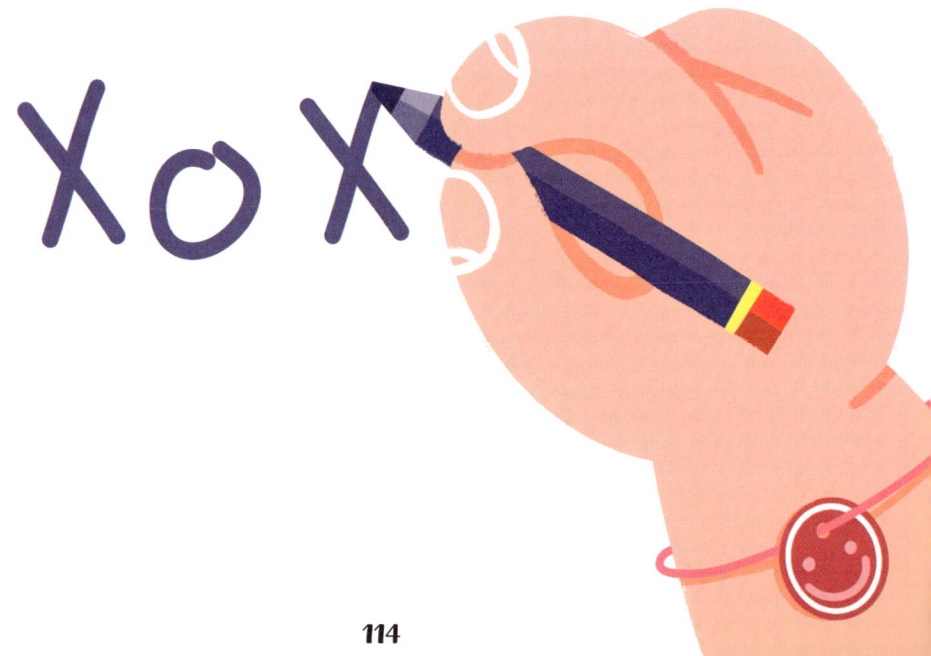

Hey Bo,

wie gehts dir? Ich bin seit fünf Tagen in Spanien, direkt am Meer.
Unser Zelt steht unter ein paar schönen Bäumen und abends sieht man mega viele Sterne. Unser Zeltnachbar heißt Sam Stackelschein, hat eine gelb-blau karierte Badehose und benutzt nie Sonnencreme.
Er sieht aus wie eine Tomate – in Badehose. Haha.
Tagsüber ist es richtig heiß. Ich habe ein kleines Schlauchboot. Damit entere ich andere Boote und klaue Schätze – zumindest ist das mein Plan. Arr Arr.

Ich vermisse dich.
XoXo
Toni

Bo :)
_____
_____
_____

YOU & ME

Du und Ich

Manchmal entwickelt sich aus einer Freundschaft mehr. Vielleicht ist da plötzlich ein Kribbeln im Bauch. Manchmal ist man auch ganz aufgeregt, wenn man die befreundete Person trifft oder kann nicht aufhören, an sie zu denken. Dann ist es möglich, dass man sich verliebt hat. Tatsächlich ist genau das zwei Personen in diesem Buch passiert. Kannst du erraten, wer es ist? Ja, genau, es sind Herr Ezim und Frau Mies. Die beiden haben irgendwann, so zwischen Humor und Trauer, bemerkt, dass sie am liebsten jeden Tag miteinander verbringen wollen. Wer hätte das gedacht, wo sie sich doch früher nur gestritten haben? Jetzt machen sie das auch noch, aber danach geben sie sich einen Versöhnungskuss und kuscheln auf der Couch.

Auch Lou denkt immer noch oft an Yūna aus der Parallelklasse, möchte das aber lieber für sich behalten. Das Herzklopfen ist schön, aber die Angst, dass Yūna Lou nicht so sehr mag wie andersrum, ist zu groß. Deshalb schwärmt Lou nur heimlich ein bisschen. Das ist auch okay.

Es kann sehr verwirrend sein, wenn man sich in eine befreundete Person verliebt. Ich hatte große Angst, dass unsere Freundschaft kaputtgeht, wenn Frau Mies (oder Hilde, wie ich sie jetzt nenne) meine Gefühle nicht erwidert. Ich wusste auch gar nicht, wie ich ihr sagen soll, dass ich plötzlich Herzklopfen in ihrer Nähe habe. Vielleicht wäre ihr das zu viel gewesen und sie hätte nichts mehr mit mir zu tun haben wollen?! Aber dann stand Hilde plötzlich mit Blumen vor mir und hat mir eine Liebeserklärung gemacht. Ich war sehr glücklich. Und bin es immer noch.

Es kann aber auch sein, dass die befreundete Person die Gefühle nicht erwidert. Das muss aber nicht das Aus der Freundschaft sein. Mit der Zeit lassen Gefühle auch nach oder verändern sich wieder. Vielleicht bleibt Trauer zurück, aber mit etwas Glück bleibt die Freundschaft.

ZUSAMMENHALT

(die) Gemeinsamkeit, (das) Wir-Gefühl

Toni hat seit Wochen ein Problem. In der Schule läuft es gar nicht gut. So ein Mist! Das liegt daran, dass Toni Papa vermisst, der nicht mehr zu Hause wohnt und sich selten meldet. Früher haben Papa und Toni viel Zeit miteinander verbracht, getobt und gelacht. Nun fragt sich Toni immer wieder, warum Papa gegangen ist und ob es an Toni liegt. Mama Mia sagt, es liege an Papa, und das sagen wir auch. Aber Toni ist trotzdem traurig. Toni kann seit Langem im Unterricht kaum noch zuhören. Im Kopf ist nur noch ein großer Gedanken-Trauer-Stress-Kuddelmuddel.

Dass Toni seit einigen Wochen den Kopf hängen lässt, ist Lou und Bo natürlich aufgefallen. Sie haben mit Victor geredet und der mit Tonis Mama Mia. Daraufhin haben alle zusammen überlegt, wie sie Toni helfen könnten. Mama Mia hat Toni in den Arm genommen. Da konnte Toni zum ersten

Mal loslassen und musste weinen. Danach ging es Toni schon viel besser. Nun unterstützen alle Toni bei den Hausaufgaben. Victor, Mama Mia, Bo und Lou. Herr Ezim und Frau Mies geben Toni außerdem Nachhilfe. Wenn etwas schiefläuft, halten alle zusammen! Auch wenn das Tonis Papa nicht ersetzt, ist Toni schon viel weniger traurig und auch in der Schule ist es schnell wieder besser gelaufen.

Das Schönste an Freundschaften finde ich den Zusammenhalt. Und du?

TONIS LIEBLINGSREZEPT FÜR SCHÖNE FREUNDSCHAFTEN:

- eine große Portion gemeinsame Zeit
- eine Prise Spaß
- literweise Liebe
- einen Löffel Zuneigung
- eine Handvoll Kompromisse
- ein, zwei gemeinsame Hobbys
- einen großen Schuss Vertrauen
- und nicht vergessen: ab und an ein paar Gramm schöne Worte

Nun sind wir am Ende angekommen. Mehr Buchstaben hat das Abc nicht. Mehr Freundschaftswörter gibt es aber schon. Wie wäre es mit: Glück oder Quietschbunt? Fallen dir noch weitere Wörter ein?

Und auch wenn unser ultimatives Freundschafts-Abc vorbei ist, sei versichert, Lou, Toni und Bo sind immer noch absolut beste Freund*innen und werden es noch ganz lange bleiben.

AUTORIN

Laura Melina Berling wird Lina genannt, ist im Internet als feministische Bloggerin und auf Instagram als @littlefeministblog unterwegs. Sie beschäftigt sich vor allem mit den Themen Körper, Sexualität, mentale Gesundheit, Intersektionalität und Gender. Zudem arbeitet sie als freie Autorin und berät als Sozialpädagogin junge Menschen in schwierigen Lebenssituationen.

ILLUSTRATORIN

Karo Oh ist freiberufliche Illustratorin und lebt im österreichischen Salzkammergut. Ihre Arbeiten drehen sich um Gemeinschaft, weibliche Erfahrungen und Körper in allen Formen. Sie betrachtet Illustration als universelle Sprache, dank der sie gesellschaftlich relevante Themen spielerisch darstellen kann. Inspiration und Ausgleich findet sie in der Natur und beim Yoga.

Copyright © Leykam Buchverlagsgesellschaft m.b.H. & Co. KG, Graz – Wien – Berlin 2025

Kein Teil des Werkes darf in irgendeiner Form (durch Fotografie,Mikrofilm oder ein anderes Verfahren) ohne schriftliche Genehmigung des Verlages reproduziert oder unter Verwendung elektronischer Systeme verarbeitet, vervielfältigt oder verbreitet werden.

Der Verlag übernimmt trotz sorgfältiger inhaltlicher Kontrolle keine Haftung für die Inhalte externer Links. Für den Inhalt der verlinkten Seiten sind ausschließlich deren Betreiber*innen verantwortlich.

Umschlaggestaltung: Karo Oh
Satz und Typografie: Karo Oh
Lektorat: Senta Wagner
Druck: FINIDR, s.r.o.
Gesamtherstellung: Leykam Buchverlag

www.leykamverlag.at
ISBN 978-3-7011-8360-9